Les polici

CW00855118

Texte de Stéphanie Ledu
Illustrations de Robert Barborini

MiLAN

Au **commissariat**, les **policiers** accueillent
et aident les gens qui ont été **volés** ou **attaqués**.

C'est aussi là que sont conduits
les malfaiteurs attrapés par la police !

5

Les policiers portent un **uniforme bleu**. Ils ont aussi
un **sifflet**, un **pistolet**, une **matraque** et des **menottes**,
pour attacher les mains des bandits qui voudraient se sauver.

Les **gendarmes** sont des **militaires**. Ils font le même travail que les policiers, mais à la **campagne**.

Ces policiers sont en patrouille : ils surveillent
les rues pour s'assurer que tout va bien.

Soudain, ils sont appelés sur
leur talkie-walkie. Vite, du renfort !
Il faut calmer ces hommes qui
se disputent et sont prêts à se battre.

9

Tu as déjà vu un policier régler la circulation ?
Grâce à lui, il n'y a pas d'embouteillage au carrefour,
et les véhicules d'urgence peuvent
foncer sans problème.

11

Avec leur **radar**, les policiers contrôlent
la vitesse des automobilistes.

Celui-ci roulait trop vite.
Les motards l'arrêtent et lui donnent une amende.
La prochaine fois, c'est sûr, il sera plus prudent !

13

Il fait nuit. Un homme s'introduit au musée.
Il vole des **objets précieux**...

Le gardien arrive trop tard !
Affolé, il appelle la **police**.

Les policiers mènent l'enquête. Ils posent des questions aux voisins : « Avez-vous vu quelque chose ? » Ils cherchent les traces du coupable : empreintes de doigts, de chaussures...

Oh, mais à qui appartient ce bout de veste ?

17

L'**indice** permet de **soupçonner** cet homme. Pour le suivre sans être repérés, les policiers ne portent pas d'uniforme.

19

Le **voleur** est reconnu à l'aéroport.
«Halte! **Police** ! »

Les policiers l'arrêtent et lui passent les **menottes**.
Ils vont le conduire au commissariat, pour l'**interroger**.

L'homme refuse d'avouer : il dit qu'il n'a rien fait.
Les policiers demandent alors au témoin du vol
d'observer ces 5 personnes placées derrière une vitre.

Si le gardien le reconnaît, le voleur sera jugé dans un tribunal, puis sûrement mis en prison.

Et l'enquête sera terminée...

La police travaille aussi avec des animaux.
Grâce à leur flair, des chiens dressés recherchent
des personnes en suivant leur odeur.

En montagne, des policiers viennent au secours des **alpinistes en danger**.

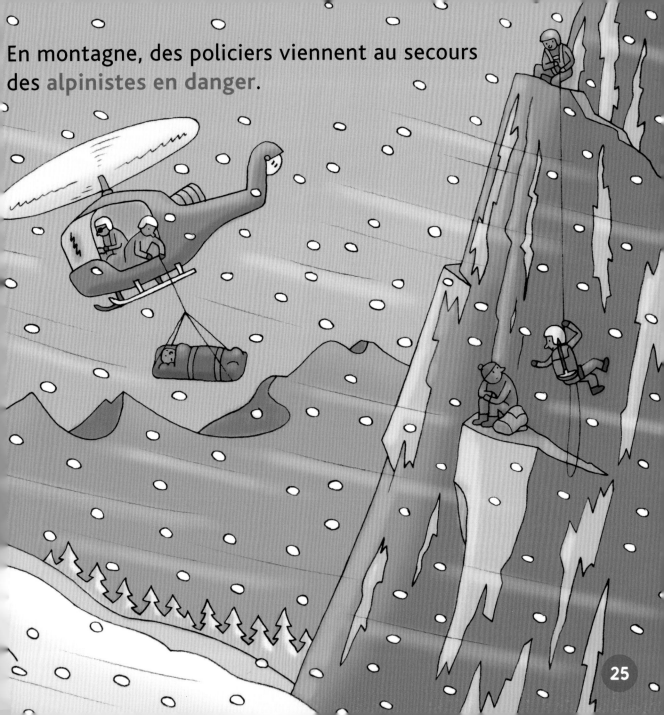

À la plage, en été, les policiers
veillent à la **sécurité des baigneurs**.

Des brigades à cheval patrouillent aux abords de la forêt. Attention, il est interdit de faire du feu !

Le 14 Juillet, jour de la fête nationale,
les policiers défilent devant le Président.

28

En les applaudissant,
la foule les remercie de leur travail !

mes P'tits docs

Découvre tous les titres de la collection

- Le chantier
- Les policiers
- Chez le docteur
- Le cirque
- Les Cro-Magnon
- Les maisons du monde
- La nuit
- La station de ski
- Le voyage en avion
- Le handicap
- Les princesses
- Les animaux de la banquise
- Les châteaux forts
- Les animaux de la savane
- La musique
- L'école maternelle
- Les camions
- Les Indiens
- Le pain
- Le jardin
- La mer
- L'hôpital
- À table !
- Paris
- La piscine
- Les bateaux
- La fête foraine
- Au bureau
- Le chocolat
- Le vétérinaire
- Les robots
- le bricolage
- Londres
- Tout propre !
- Les loups